So viele Fahrzeuge!

Auf der Autobahn fahren Autos, Busse und Laster dicht hintereinander. In ihrem Hubschrauber entdecken die Polizisten sofort, wenn sich ein Stau bildet.

Laut krachend beißt sich die Abbruchschere in dem alten Haus fest und reißt es Stück für Stück ab. Sie kann Holz, Beton und sogar Stahl mühelos knacken.

An diesem Bagger wurde vorne ein Abbruchhammer befestigt. Wie ein großer Presslufthammer bohrt er sich in den Straßenbelag und reißt ihn auf.

Nicht auf Ketten, sonder auf breiten Rädern fährt dieser Mobilbagger. Mit seinem Greiflöffel kann er Erde oder Sand wie mit zwei Händen anheben.

Der Ausleger ist der Arm des Baggers – der Baggerfahrer kann ihn heben und senken, vor und zurückbewegen.

Wenn sich das Rohr in den Zylinder schiebt, kippt die Schaufel die Erde aus.

Diese Schaufel heißt Tieflöffel. Da geht sehr viel Erde rein!

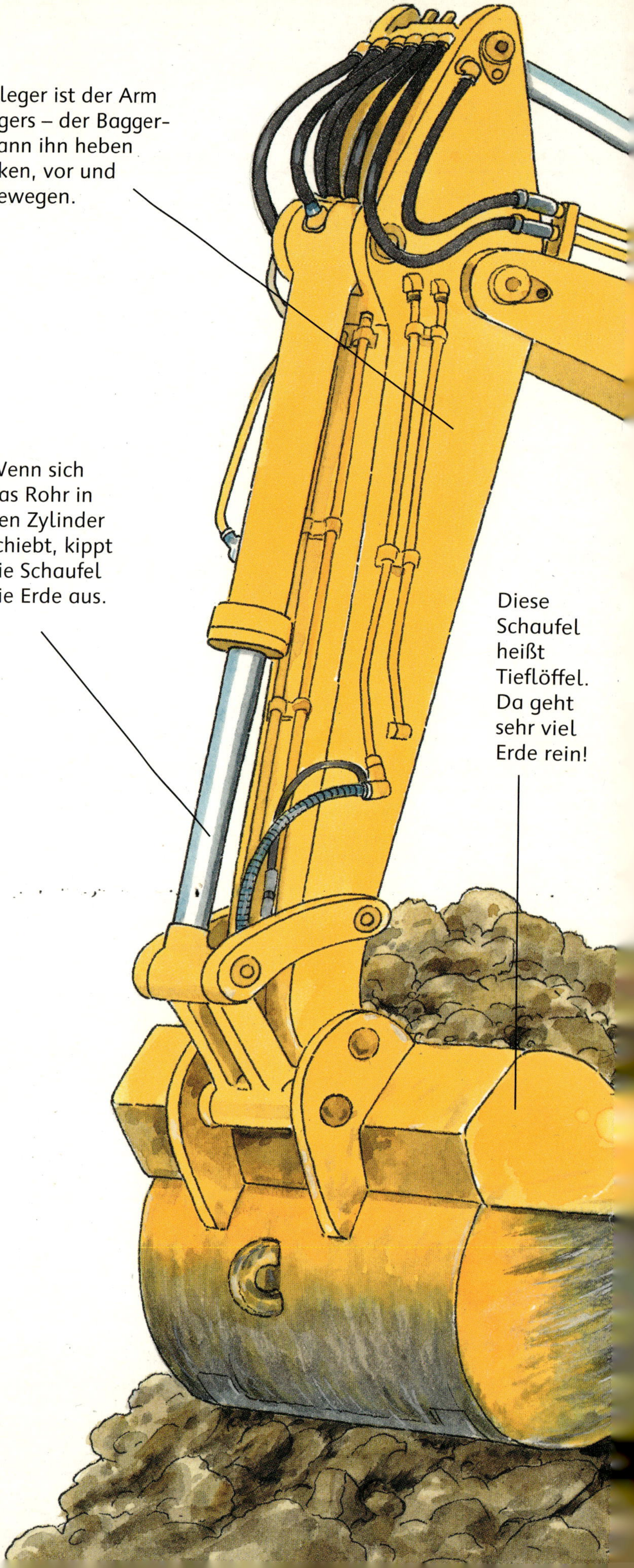

Toll, was der Bagger alles kann!

So einen großen Bagger zu fahren, ist gar nicht einfach. Aber der Baggerfahrer Rudi Keller kennt sein Fahrzeug ganz genau. Ohne hinzuschauen, bedient er die Schalthebel und hebt mit der Schaufel tiefe Löcher aus. Zum Abladen der Erde kann er den Bagger in alle Richtungen drehen. Dieser Bagger hat riesige Raupenketten. Beim Fahren quietschen und knirschen sie, aber der Bagger kommt damit sogar auf einen steilen Erdhügel hinauf.

die S-Bahn
der Radlader
der Kleinbagger
das Drehbohrgerät
der Lkw mit Ladekra

Auf der Baustelle ist viel los!

Surrend dreht sich der Kranausleger über der Baugrube. Überall brummt, zischt und hämmert es. Laut dröhnend treibt das Drehbohrgerät ein Loch in den Boden. Damit die Baustellenfahrzeuge direkt an der Baugrube anhalten können, wurde in der Bahnhofstraße sogar eine Spur für den Verkehr gesperrt.

Ständig fließt frischer Beton aus dem Betonmischer in die Betonpumpe.

der Tieflader mit Raupenbagger

der Autokran mit Betonpumpe

der Betonmischer

der Absetzkipper

die Walze mit Glattmantelbandage

die Walze mit Schaffußbandage

die Miniwalze

Im Straßenfertiger wird der neue Straßenbelag angemischt und gleich auf die Fahrbahn geschüttet

der Kipplaster

der Straßenfertiger

So viele Baumaschinen gibt es

Noch höher als ein Kirchturm kann der Autokran seinen Teleskoparm ausfahren. Damit er nicht umkippt, wenn er eine schwere Last am Haken hat, steht er dabei auf Stützen. Wird der Kran nicht mehr gebraucht, werden er die Stützen wieder eingezogen und er fährt auf seinen Rädern davon.

Die meisten Baumaschinen werden für Erdarbeiten gebraucht. Sie graben, schieben, laden, glätten und bohren, damit der Untergrund für eine Straße oder ein Haus gut vorbereitet ist. Erst dann können die Bauarbeiten richtig losgehen.

der Radlader

der Autokran

der Muldenkipper

Mit dem Muldenkipper werden riesige Steinbrocken abtransportiert. Schau mal, wie klein der Mann neben dem großen Reifen wirkt.

das Drehbohrgerät

Der Grader glättet mit seinem Planierschild große Flächen, zum Beispiel den Untergrund für eine neue Straße.

der Grader

die Planierraupe mit Reißpflug

Auf dem Bauernhof steht ein großer Tank, aus dem der Bauer selbst Dieselkraftstoff in seinen Traktor nachfüllen kann. So muss er nicht jedes Mal zur Tankstelle fahren.

Der Bauer kann vieles an seinem Traktor selbst reparieren. Hier tauscht er gerade den Luftfilter aus.

Dieses Rohr ist der Auspuff. Weißt du, wo er bei eurem Auto ist?

Der Motor eines Traktors muss sehr stark sein, denn mit seiner Kraft werden auch die angehängten Maschinen bewegt.

Ein Frontgewicht sorgt dafür, dass die Vorderreifen immer fest auf dem Boden bleiben.

Die großen und schweren Traktorreifen können nur mit einem speziellen Reifenwechsler ausgetauscht werden.

Der Traktor ist immer im Einsatz

Von morgens bis abends ist Bauer Hansen mit seinem Traktor auf dem Hof und auf den Feldern unterwegs – der Traktor ist sein wichtigstes Fahrzeug. Den Tieren bringt er mit dem Ladewagen frisches Gras in den Stall. Für die Arbeit auf dem Feld kann er auch Ackergeräte an den Traktor anhängen. Im Herbst, wenn die Ernte vorbei ist, zieht er zum Lockern der Erde den Pflug über das Feld. An der Vorderseite des Traktors kann ebenfalls ein Gerät befestigt werden, zum Beispiel eine Gabel. Und damit der Bauer genau sieht, was er mit der Gabel aufspießt, sind die Vorderräder des Traktors kleiner als die Hinterräder.

Welche Landmaschinen siehst du hier?

Es ist Erntezeit. Auf den Feldern sind Traktoren mit Anhängern und Maschinen unterwegs. Sie bringen die Ernte ein oder bereiten den Boden für die nächste Aussaat vor. Schau mal, ob du alle Traktoren entdeckst!

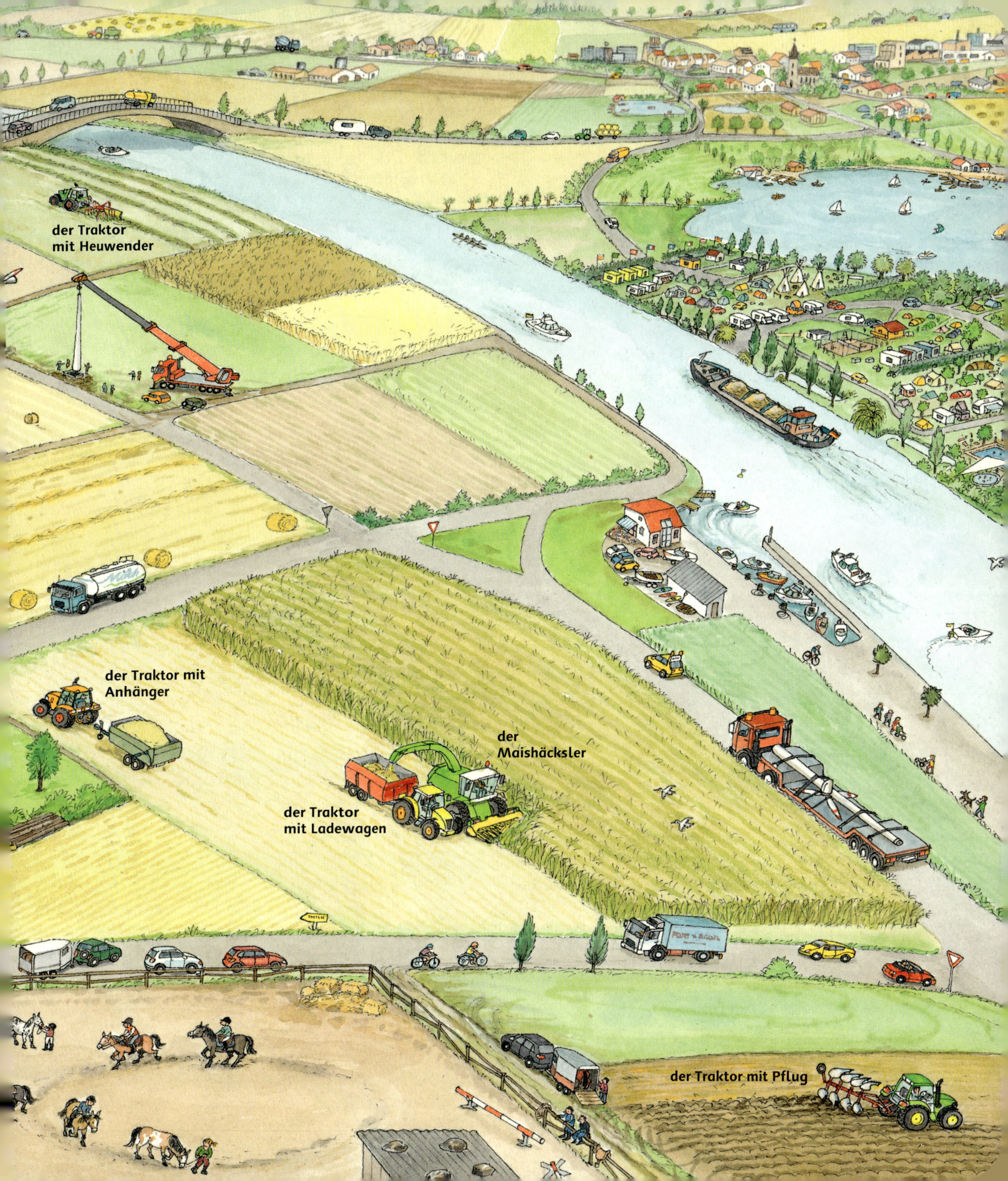
der Traktor mit Heuwender
der Traktor mit Anhänger
der Maishäcksler
der Traktor mit Ladewagen
der Traktor mit Pflug

Mein Bauernhof-ABC

der Aufsitz-
rasenmäher

der Bauer

der Container

der Grubber

der Häcksler

der Jeep

der Naturdünger (Mist)

der Oldtimer-Bulldog

der Pferdeanhänger

die Sämaschine

der Traktor oder Trecker

der Unimog

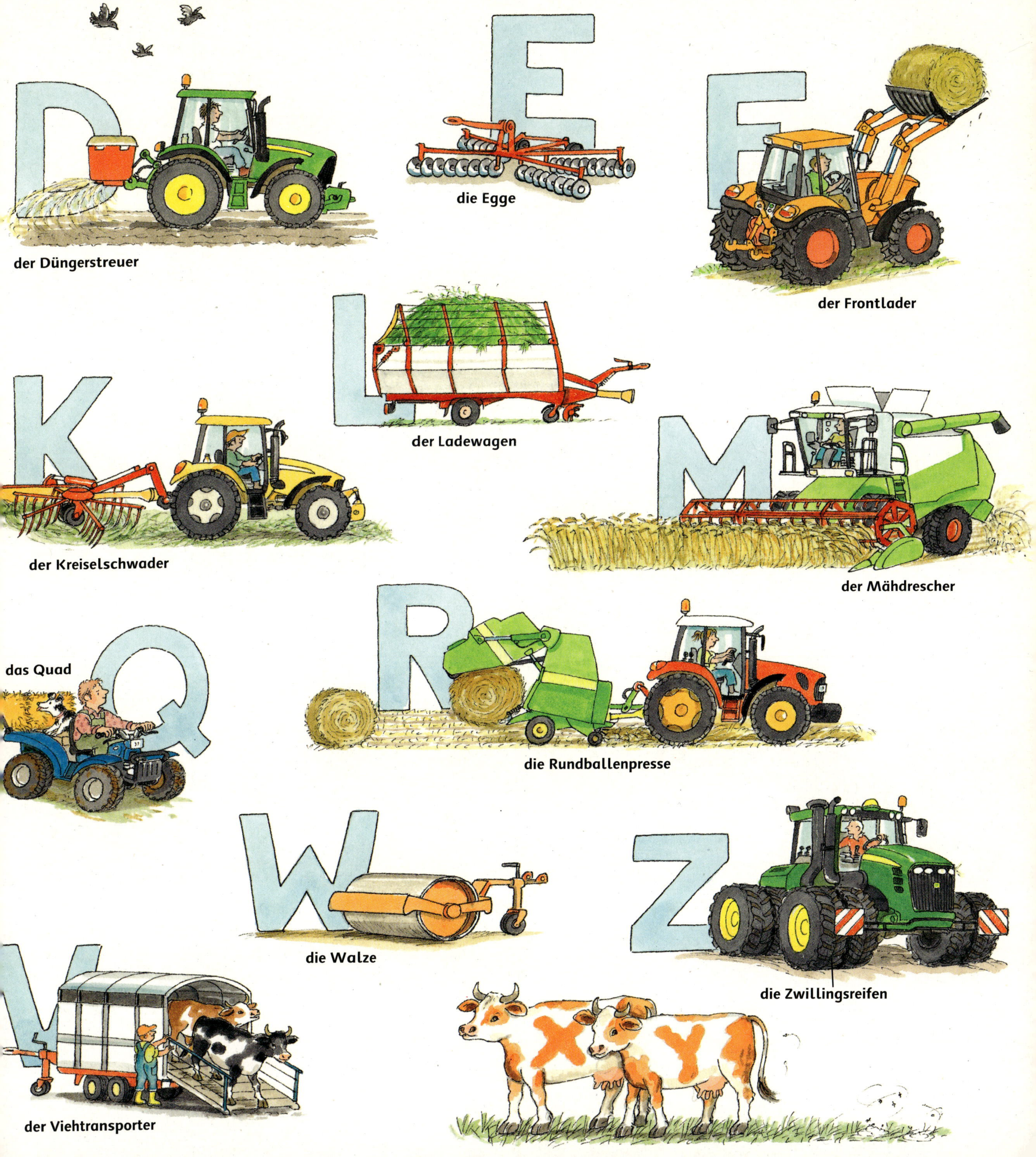
der Düngerstreuer
die Egge
der Frontlader
der Ladewagen
der Kreiselschwader
der Mähdrescher
das Quad
die Rundballenpresse
die Walze
die Zwillingsreifen
der Viehtransporter

Vor der Wache steht die Ampel für den ganzen Verkehr auf Rot – nur die Feuerwehr hat freie Fahrt! Mit Blaulicht und Tatütata verlässt der Löschzug die Fahrzeughalle.

Damit die Feuerwehr immer gut zu sehen ist, blinken Warnleuchten an den Fahrzeugen.

Wenn es dunkel ist, kann mit dem Flutlicht der Einsatzort ausgeleuchtet werden.

Um Menschen und Tiere aus brennende Häusern zu retten, brauchen die Feuerwehrleute oft eine Leiter

Nach jedem Einsatz werden die Schläuche getrocknet und wieder einsortiert.

In jeder Straße gibt es einen Hydranten. Manche ragen aus der Erde, andere sind unter einem Deckel im Boden versteckt. Bei einem Brand zapfen die Feuerwehrleute über den Hydranten die Wasserleitung an. Das Wasser wird dann ins Feuerwehrauto gepumpt und auf viele Schläuche verteilt.

Atemschutzgeräte schützen vor dem Rauch.

Mit einem Standrohr wird Wasser hochgepumpt.

Achtung – hier kommt die Feuerwehr!

Tatütata! Wenn es brennt, rückt die Feuerwehr aus. Die Feuerwehrleute löschen das Feuer und retten Menschen und Tiere aus brennenden Häusern. Auch bei Überschwemmungen und Unfällen helfen sie. Sobald ein Notruf bei der Leitstelle eingegangen ist, geht alles ganz schnell: Auf der Wache blinken in jedem Raum rote Lampen und die Alarmanlage klingelt. Die Feuerwehrleute rennen sofort in die Fahrzeughalle, ziehen ihre Ausrüstung an und springen in die Autos. Über die Lautsprecher geben die Mitarbeiter der Leitstelle durch, welche Fahrzeuge gebraucht werden. Das Löschgruppenfahrzeug ist fast immer dabei.

der Rüstwagen
das Löschgruppen-
fahrzeug
com.

Hilfe, es brennt!

Schnell wird die Drehleiter ausgefahren, um die Menschen aus dem Haus zu retten.

Welche Einsatzfahrzeuge kennst du?

das Drehleiterfahrzeug

das Löschgruppenfahrzeug

der Einsatzleitwagen

das Tanklöschfahrzeug

der Rüstwagen

der Vorausgerätewagen

die Flughafenfeuerwehr

das Waldbrandlöschfahrzeug

das Einsatzfahrzeug mit Hubbühne

das Bergungsfahrzeug

der Polizeihubschrauber

der Rettungswagen

der Krankentransportwagen

der Polizeikleinwagen

der Einsatzwagen

das Polizei-
motorrad

die Inlineskates

das Polizeifahrrad

der Streifenwagen

das gepanzerte Fahrzeug

der Polizei-Geländewagen mit Boot

das Wasserschutzpolizeiboot

Von wem sind diese Spuren?

Im Matsch oder auf frisch gefallenem Schnee hinterlässt jedes Fahrzeug Spuren. Die Reifen drücken dann Muster in die Erde, die bei jedem Fahrzeug anders aussehen. Erkennst du, welcher Abdruck von dem Fahrzeug mit den Schneeketten stammt? Der Radlader mit seinen dicken Reifen und die Planierraupe mit den Ketten graben besonders tiefe Rillen in den Boden, weil sie so schwer sind. Hast du ihre Spuren schon entdeckt?

der Schneepflug

das Fahrrad

das Rutschauto

das Motorrad

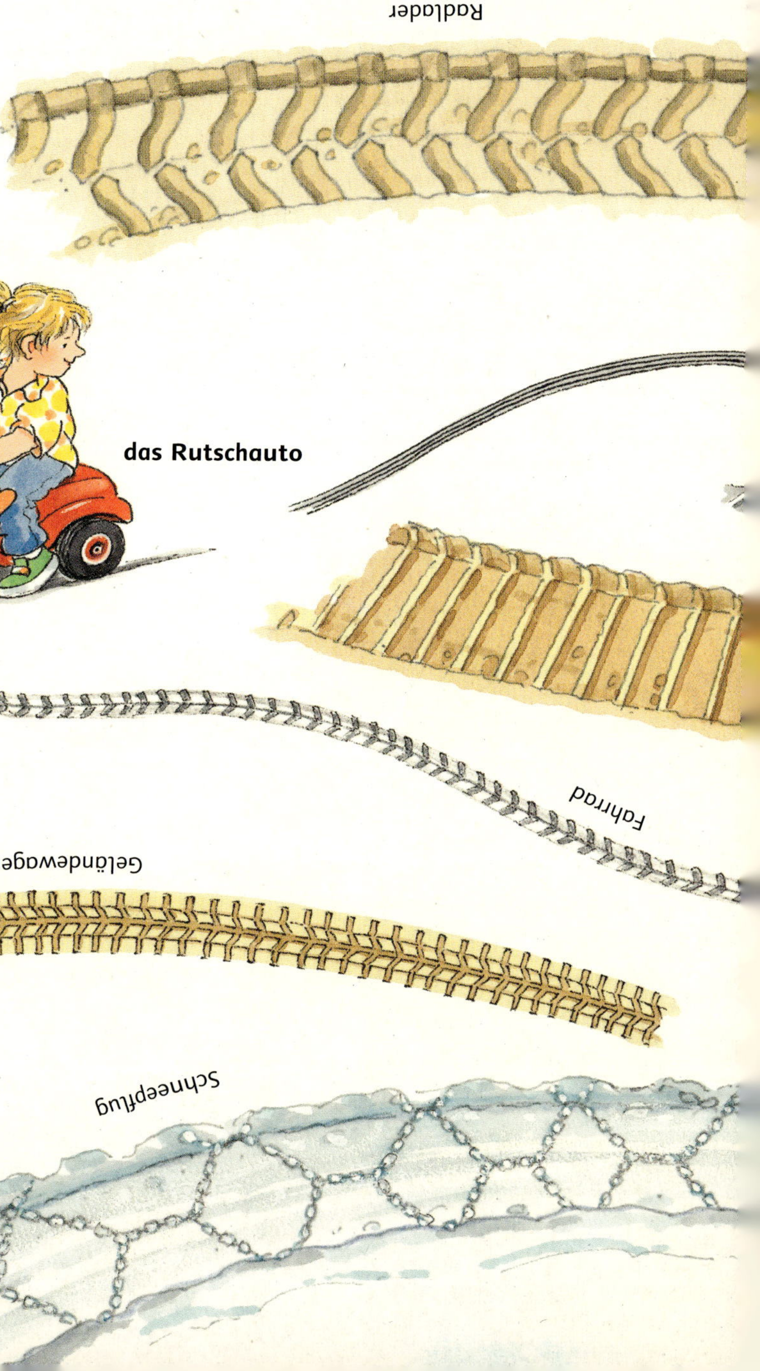

die Planierraupe
der Geländewagen
der Radlader
Rutschauto
Motorrad
Planierraupe

der Bagger
mit Greifer
das Müllaut
der Abrollkipper
der Motorrolle
der Lkw mit
Ladekran
der Wassertank-
wagen
FITFABRIK

Diese Fahrzeuge räumen auf!

Vom Bauhof starten die städtischen Fahrzeuge ihre Runde durch die Stadt, um Straßenschäden zu reparieren, sauber zu machen und Müll einzusammeln. Nebenan auf dem Schrottplatz wird gerade ein Container abgeladen – wie das scheppert!

Heute kommt die Kehrmaschine erst später los, denn eine der großen Bürsten muss repariert werden.

der Milchlaster

Der Milchlaster holt die frische Milch direkt auf dem Bauernhof ab. Durch einen Schlauch wird sie vom Kühltank in den Tankwagen gepumt. Wenn der Tank voll ist, fährt der Milchlaster zur Molkerei.

der Betonmischer

der Abschleppwagen

Aufladen und los geht's!

Große Kisten, kleine Holzschnipsel oder Milch – wie kommt das alles in die Fahrzeuge? Um schwere Dinge auf- und abladen zu können haben viele Fahrzeuge einen beweglichen Laderaum. Der Fahrer steuert ihn mit einer Fernbedienung oder direkt mit einem Steuerhebel. Flüssigkeiten werden mit einem Schlauch in einen Tankwagen gefüllt. Der Lkw wird von einem Gabelstapler beladen. Eine Palette nach der anderen holt er aus dem Lager und stapelt sie im Frachtraum wie Bauklötze übereinander. Sobald der Anhänger voll ist und der Fahrer die Frachtpapiere erhalten hat, kann die Fahrt losgehen.

der Unimog mit Häcksler

das Müllauto mit Seitenladearm

der Rundholzlaster mit Ladekran

das Altglassammelfahrzeug mit Ladekran

der Gabelstapler

An der Tankstelle ist immer was los!

An den Zapfsäulen wollen mehrere Fahrzeuge gleichzeitig tanken. Puuh, wie das nach Benzin riecht! Wenn das Auto richtig dreckig ist, kann man es auch in die Waschanlage fahren – danach blinkt es wieder wie neu!

das Familienauto

die Strom-
tanksäule

der Elektroroller

das Elektroauto

Bei Autos, die mit Treibstoff wie Benzin, Super oder Diesel fahren, kommt ziemlich viel Dreck aus dem Auspuff. Das ist schlecht für uns und unsere Erde. Elektroautos können stattdessen mit Strom fahren. Diese Autos tanken ganz einfach an einer Steckdose – wie praktisch!

Solarautos brauchen kein Benzin und auch keinen Strom, nur die Sonne. Die Strahlen werden eingefangen und in Energie umgewandelt. Deshalb können Solarautos sogar fahren, wenn die Sonne nicht scheint!

das Solarauto

der Tanklaster

der Sportwagen

Was ist denn hier kaputt?

Ach herrje, diese Autos sind alle kaputt! Aber sie können in der Werkstatt schnell wieder repariert werden. Zuerst müssen neue Ersatzteile besorgt werden. Erkennst du, welche Teile an welches Fahrzeug montiert werden müssen?

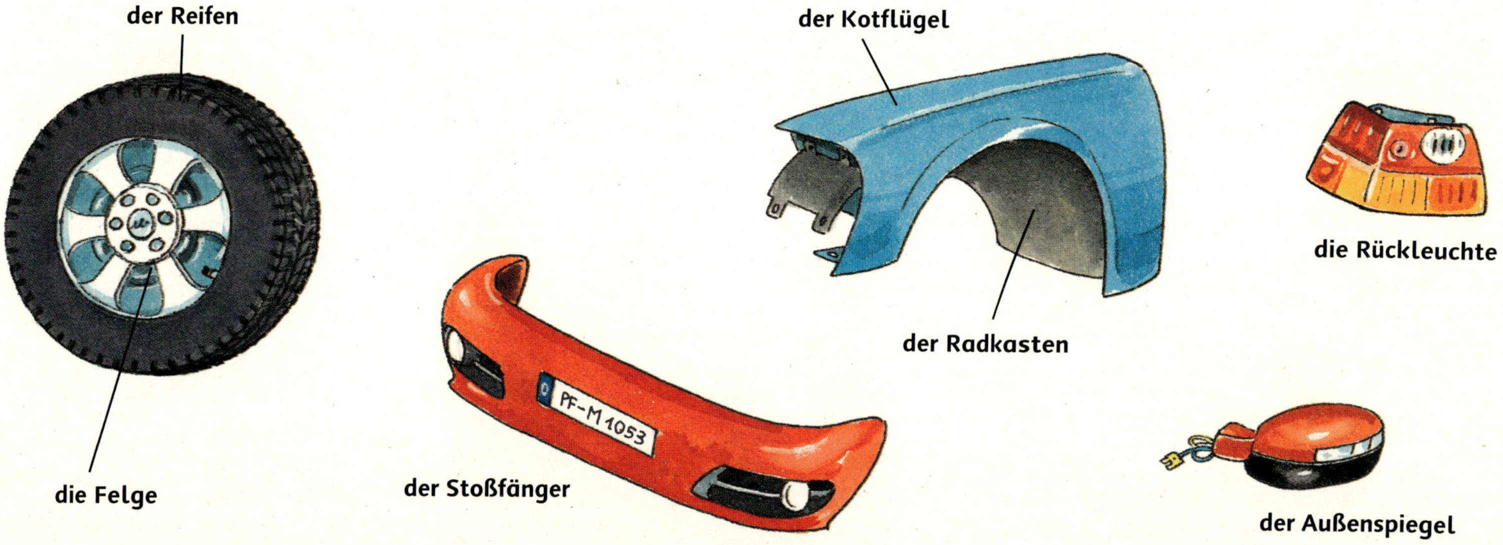

Warum muss das Auto in die Werkstatt?

Alle Fahrzeuge müssen regelmäßig zur Inspektion in die Werkstatt. Die Kfz-Mechatroniker schauen dabei nach, ob alles noch richtig funktioniert. Als Erstes fahren sie das Auto mit einer Hebebühne hoch über ihre Köpfe, damit sie bequem an der Unterseite arbeiten können.

Unterwegs auf besonderen Strecken

Mit dröhnenden Motoren und quietschenden Reifen drehen die Rennwagen eine Runde nach der anderen auf der Rennstrecke. Sie werden nur für den Motorsport gebaut. Auf der Straße dürfen Rennwagen nicht fahren, denn sie haben keinen Blinker, keine Scheinwerfer und kein Kennzeichen. Es gibt auch noch viele andere Fahrzeuge, die nur auf besonderen Strecken zum Einsatz kommen: auf Schnee, Sand und Geröll oder sogar auf dem Mars.

Rennen auf dem Motocross-Motorrad werden auf speziellen Pisten aus Sand, Lehm und Erde ausgetragen.

Mit seinen riesigen Reifen und den dicken Federn kann ein Monstertruck sogar über normale Autos springen.

Das Marsmobil ist ein fahrender Roboter, der Fotos vom Mars zur Erde schickt.

Für einen Geländewagen gibt es kaum ein Hindernis – er fährt auch durch Wasser.

Ein Formel-1-Rennwagen besteht aus besonders leichtem Material und hat gleichzeitig einen sehr starken Motor. Deshalb kann er so schnell fahren.

Für Fahrten im tiefen Schnee ist ein Schneemobil auf Kufen besonders geeignet.

Wer fährt mit welchem Fahrzeug?

Nicht nur im Straßenverkehr, auch im Kinderzimmer und auf dem Spielplatz sind viele Fahrzeuge unterwegs. Sicher hast du auch ein Dreirad oder ein Rutschauto, mit dem du deine Runden drehst. Entdeckst du, welches Fahrzeug zu welchem Kind gehört? Rate doch mal!

Auweia! Julia hat sich das Bein gebrochen. Jetzt braucht sie einen Rollstuhl.

Nina trägt Briefe aus. Wo ist ihr Roller?

Alarm, es brennt! Schnell rennt Linus zu seinem Feuerwehrauto.

Lena nimmt ihren Teddy immer auf dem Dreirad mit.

Brrrummm, brrrummm! Keiner ist so schnell wie Julian mit seinem roten Tretauto!

Drei, zwei, eins – Start! Felix fliegt mit seiner Rakete zum Mond.

Halt, Polizei! Von seinem Polizeimotorrad aus winkt Stefan mit der Haltekelle.

Die Hasen warten auf ihr Futter. Anna bringt es ihnen mit dem Traktor.

Ahoi! Mit seinem Floß geht Max, der Pirat, auf Schatzsuche.

Paul braucht dringend Hilfe beim Sandschaufeln. Wo ist denn sein Bagger?

Jeden Tag ist Finn mit seinem Rutschauto unterwegs.

Tim fährt nie ohne Schutzausrüstung mit dem Skateboard.

Lukas lässt sich gern im Buggy durch die Stadt fahren.